우리가 간다
서울

JN441349

지리·역사·문학 지역 체험 학습

우리가 간다 서울

양선화 글 × 이진아 그림

여는 글

꿀잼 도시로, 우리가 간다!

안녕! 이 책을 펼친 너, 혹시 이런 생각 해 본 적 있어?

"우리 동네는 너무 심심해. 맨날 똑같아. 자랑할 것도 없고, 재미있는 얘기도 없잖아."

그런 뜻에서 어떤 지역은 '노잼 도시'라고 놀림을 받기도 하지. 유명한 관광지가 아니라서 딱히 구경할 게 없다는 거야. 또는 이미 너무 유명해서 뻔하다고 느낄지도!

하지만 알고 보면 세상에 노잼 도시는 하나도 없어. 우리 지역이든, 다른 지역이든 지루한 회색빛 도시로만 보인다면 그건 아직 그곳에 숨은 사연을 잘 몰라서일 거야.

그런 친구들을 위해 〈지리·역사·문학 지역 체험 학습〉 시리즈를 준비했어! 이 시리즈는 각각의 지역이 가진 자연환경, 지명의 유래, 곳곳에 숨은 가슴 아픈 한국사, 세계가 부러워하는 국가유산, 꼭 기억해야 하는 인물과 지역민의

정서를 가득 담아낸 문학 작품까지, 여러 가지 주제를 통해 다양한 빛깔의 지역 이야기를 펼쳐 보일 거야.

그중에서도 3권 《우리가 간다 서울》은 우리나라의 수도로서 나라의 심장 같은 곳이자 하나뿐인 특별시 서울의 이야기야. 한반도의 허리에 있는 서울은 행정, 경제, 문화 등 여러 면에서 가장 발전했어. 아름다운 산들이 에워싸고 있고, 웅장한 한강이 가로지르고 있어 생태·지리적으로도 뛰어나지. 백제 시대부터 무려 2,000년 넘게 이어져 온 역사도 자랑할 만해. 그뿐 아니라 '한강의 기적'으로 불리는 경제 성장과 세계가 주목하는 민주화 운동까지, '다이내믹 코리아'의 주인공이라 할 수 있지!

이 책을 다 읽고 나면 너도 이렇게 말할걸?

"노잼 도시? 아니! 완전 꿀잼 도시잖아!"

이 책의 활용법

이렇게 읽으면 지역 박사가 될 거야

1. 한눈에 보는 지역

① 첫 장을 열면 등장하는 지도! 지리적 특징은 물론, 꼭 가 봐야 할 곳들을 딱 보여 주지.

② 이렇게 깜찍한 '지역 캐릭터' 봤음? 각 부 시작마다 지역을 상징하는 캐릭터가 등장해 눈이 즐거울 거야.

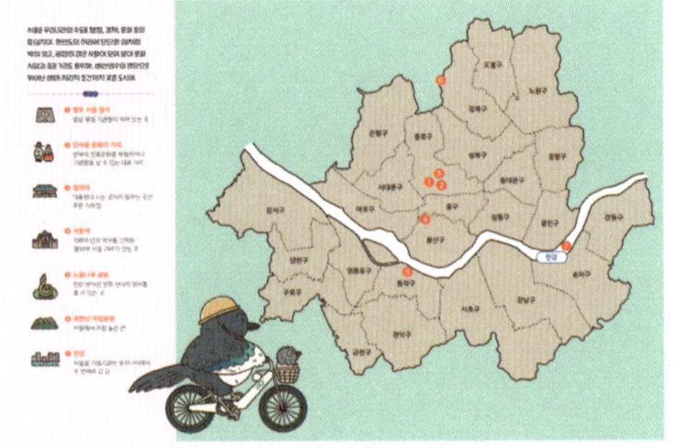

2. 술술 읽으며 쑥쑥 쌓는 교양

① '지리', '역사', '문학'을 주제로 지역 이야기를 따라가 보자. 그곳이 어디든 새롭게 보일걸.

② 불쑥 등장하는 질문과 답! 이것만 알아도 지역 박사가 될 수 있어.

3. 교과 지식 + 명소 이야기

① 교과서에서 따분하게 느껴졌던 단어가 지역 속에 살아 있다는 걸 알게 될 거야.

② 기쁨과 슬픔, 감동이 있는 명소 이야기! 친구들과 토론을 하기에도 딱 좋아.

1,000명의 슬픈 이름을 기억하며

산과 강이 지키는 땅

살아 있는 역사 박물관 5대궁

4. 직접 떠나는 지역 체험 학습

① 각 장마다 지역을 대표할 만한 의미 있는 장소들을 소개하고 있어.

② 하지만 사진만 봐서는 그 진가를 다 알 수 없지. 직접 가 보고 느껴 보자고! 우리가 간다!

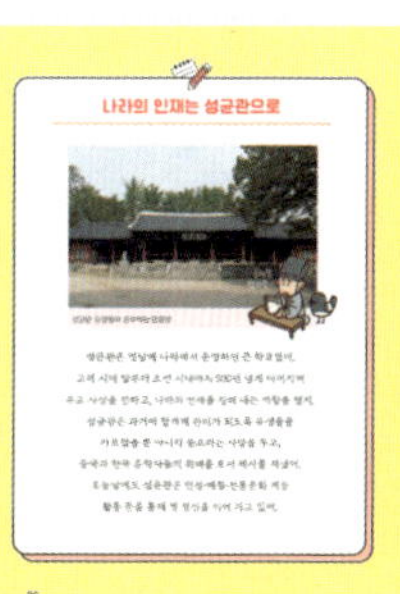

나라의 인재는 성균관으로

도성 앞에 펼쳐진 커다란 시장

차례

2부

2천 년 역사를 품은 기적의 땅

서울의 역사

3부

희망을 안고 달려 온 공간

서울의 문학

대한민국의 심장 같은 지역

서울은 우리나라의 수도로 행정, 경제, 문화 등의 중심지야. 한반도의 허리에 단단한 심처럼 박혀 있고, 굉장히 많은 사람이 모여 살아 문화 시설과 즐길 거리도 풍부해. 배산임수의 명당으로 뛰어난 생태·지리적 조건까지 갖춘 도시야.

❶ 정부 서울 청사
중앙 행정 기관들이 모여 있는 곳

❷ 인사동 문화의 거리
한국의 전통문화를 체험하거나 기념품을 살 수 있는 대표 거리

❸ 청와대
대통령이 사는 곳이자 일하는 곳인 푸른 기와집

❹ 서울역
100여 년의 역사를 간직한 '문화역 서울 284'가 있는 곳

❺ 노들나루 공원
한강 방어선 전투 전사자 명비를 볼 수 있는 곳

❻ 북한산 국립공원
서울에서 가장 높은 산

❼ 한강
서울을 가로지르는 우리나라에서 두 번째로 긴 강

도봉구
노원구
강북구
은평구
종로구
성북구
중랑구
동대문구
서대문구
마포구
중구
성동구
광진구
강동구
용산구
한강
송파구
등포구
동작구
강남구
서초구
관악구
금천구
1
2
3
4
5
6
7

대한민국의 하나뿐인 특별시

최근 서울이 '세계에서 가장 매력적인 여행지' 10위에 올랐어. 아름다운 경치, 음식, 패션 등 K-컬처의 매력에 세계인이 푹 빠져 있대. 이 멋진 도시가 우리나라의 수도라니 자랑스럽지 않아?

수도란 한 나라의 중앙 정부가 있는 도시를 말해. 순우리말로 하면 '서울'! 맞아, 서울은 그 자체로 수도를 뜻해. 미국의 서울은 워싱턴 D.C.이고, 중국의 서울은 베이징이고, 대한민국의 서울은 서울이지!

서울은 우리나라의 행정 중심지일 뿐 아니라 정치·경제·문화 등 모든 면에서 매우 중요한 지역이야. 우리나라에서 인구가 가장 많은 도시인 만큼 문화 시설과 즐길 거리도 풍부해. 하지만 인구와 자원이 서울에 집중되면서 안팎으로 많은 문제가 생기기도 했어.

지금부터 서울의 여러 행정 구역을 비롯해서, 얼마나 많은 사람이 살고 있는지, 그리고 수도로서 나라의 어떤 일들을 맡고 있는지 하나하나 알아보자!

특별해서 특별시?

서울은 우리나라에서 단 하나뿐인 특별시야. 1946년 경기도로부터 분리되고, 1949년 '서울특별시'라는 명칭을 얻게 되었지. 행정적·경제적으로 독립된 거야. 〈서울특별시 행정특례에 관한 법률〉에 따르면, 서울은 대한민국의 "수도로서의 특수한 지위를 가진다"라고 되어 있어. 특별시는 도, 광역시 등과 함께 상급 지방 자치 단체에 속하며 중앙 정부의 감독을 받아.

우리나라에서 가장 북적이는 도시

서울의 면적은 약 605제곱킬로미터야(2025년 기준, 국토교통부). 우리나라 전체 면적의 0.6퍼센트이고, 광역 지방 자치 단체 17개 중에서 크기로 14번째야. 수도이자 하나밖에 없는 특별시인 것치고는 크지 않지?

더욱 놀라운 것은 바로 인구수야. 약 931만 명!(2026년 기준, 행정안전부) 우리나라 총인구가 약 5,114만 명이니까, 무려 18퍼센트의 인구가 서울에 사는 거지. 우리나라에서 가장 많은 사람이 모여 사는 지역인 만큼 여러 면에서 무척 발전했고, 또 그만큼 사건·사고도 끊이지 않는 놀라운 도시가 바로 서울이야.

서울의 행정 구역은 25개 구와 그 아래 426개 동으로 이루어져 있어. 물론 처음부터 이랬던 건 아니고, 1943년에는 종로구, 중구, 동대문구, 용산구, 성동구, 영등포구, 서대문구, 이렇게 7개 구뿐이었어. 이후 계속 늘다가 지금처럼 25개 구가 된 것은 1995년에 들어서야.

나라 살림과 경제의 중심지

서울에는 많은 중앙 행정 기관이 있어. 나라 살림을 맡아 일하는 정부 조직이지. 대표적으로 외교부, 통일부, 국방부 등이야. 1948년 8월 15일 대한민국 정부가 수립된 뒤 생겨난 중앙 행정 기관들은 원래 광화문 주변에 흩어져 있었어. 그러다 효율적으로 일하기 위해 1970년에 정부 종합 청사(지금의 '정부 서울 청사')를 지었지.

기업 역시 서울에 몰려 있어. 이름만 들으면 알 법한 대기업과 금융 그룹의 본사는 거의 서울에 있다고 보면 돼. 중소기업도 169만 개가 넘는다고 해. 회사가 많아지니까 당연히 일자리도 많아졌고 전국에서 사람들이 모여들었지. 그러다 보니 서울을 포함한 수도권에 우리나라 전체 인구의 절반이 넘는 사람들이 살게 된 거야.

하지만 몇몇 지역만 잘살고, 나머지는 못산다면 결국 모두에게 좋지 않겠지? 골고루 발전하기 위한 노력이 필요해. 옛 충청 지역 일부를 합쳐 세종특별자치시를 만든 것처럼 말이야.

세종특별자치시

새로운 행정 중심 도시를 목표로 2012년에 생겼어. 백성을 위하고 아낀 세종대왕의 이름을 땄지. 서울에 있던 중앙 행정 기관을 많이 옮겨 와서 현재 보건복지부, 교육부, 국토교통부 등 40개가 넘는 중앙 행정 기관이 있어.

K-컬처가 궁금해?

인구가 많으면 경제만 발전하는 게 아니야. 사람들이 함께 만들어 즐기는 여러 문화 예술, 관광 상품도 따라서 발전하게 되지. 그런 면에서 서울은 무엇보다 우리나라 문화의 중심지이기도 해.

예를 들어 종로·광화문 일대는 전통적인 도심으로서 다양한 문화 공간과 시설을 갖추고 있어. 인사동과 북촌·삼청동은 공예품점, 갤러리 등이 모여 있어서 전통문화 체험장으로서 그 역할을 톡톡히 하지.

그런가 하면 뷰티와 패션 등 현대적인 문화와 최신 트렌드를 접하기에는 성수, 한남, 홍대 등이 제격이야. 외국인 관광객이 가장 즐겨 찾는 쇼핑의 명소로는 여전히 명동을 빼놓을 수 없고 말이야.

특히 넷플릭스 애니메이션 〈케이팝 데몬 헌터스〉가 전 세계적인 인기를 누리면서, 서울은 K-팝과 K-콘텐츠를 즐길 수 있는 성지로 다시금 떠올랐어.

〈케이팝 데몬 헌터스〉

2025년 공개된 애니메이션 영화. 케이팝 걸그룹이자 악마 사냥꾼인 헌트릭스가 보이 밴드이자 악령인 사자 보이즈와 대결하는 이야기를 그렸어.
한국 문화에 큰 영감을 받아 만들어졌대. 호랑이와 까치 캐릭터가 활약하고, 낙산공원, 북촌 한옥마을, 남산 서울타워 등 서울의 명소들이 배경으로 그려지지.

놀러 오세요, 대통령의 사랑채로

청와대 사랑채 미디어아트실

정부 조직의 대표는 누구? 대통령이지!
역대 대통령들이 살던 '푸른 기와집'이 있어.
바로 청와대야.
청와대는 대통령이 사는 곳이자 일하는 곳이야.
외국 손님을 맞는 영빈관, 기자회견을 하는 춘추관 등
다양한 목적의 아름다운 건물들이 있지.
그중 청와대 사랑채는 언제든 무료로 구경할 수 있어.
'사랑채'는 원래 한옥에서 주인이 손님을 맞이하던
공간을 말해. 그 이름을 딴 청와대 사랑채는
한국의 과거·현재·미래를 전시한 역사 기념관이야.

한반도의 든든한 허리

"모로 가도 한양만 가면 된다"라는 속담 들어 봤어? 모로 간다는 건 옆길로 샌다는 뜻이고, 한양은 서울의 옛날 이름이야. 왜 이런 속담이 만들어졌을까?

한반도의 지도 모양을 한번 떠올려 봐. 마치 호랑이가 앞발을 들고 서서 '어흥!' 하고 우는 모습을 닮았다고들 하지. 그런데 그 호랑이의 허리, 그러니까 위아래로 볼 때 가운데에 있는 곳이 바로 서울이야.

옛날에는 시험을 보거나 장사를 하러 나라 한가운데로 사람들이 모였어. 북쪽에서는 내려오고, 남쪽에서는 올라가고 말이야. 산길이 험해 옆으로 돌아가야 할 때, 그들은 이렇게 말했을 거야. "어느 길로 가든 한양에 닿으면 돼!" 결국 이 속담은 어떻게 하든 목적만 이루면 된다는 뜻이야.

이처럼 예로부터 서울은 사람이 모이는 교통의 중심지였어. 그래서 과거에는 나루(물길로 배가 들고나는 곳)와 역참(공문서를 전달하거나 관리가 쉬어 가는 곳)이 발달했지. 근대에 들어서는 철도와 도로가 깔리고, 1970년대에는 지하철 1호선이 처음 놓였어.

서울이 한반도의 가운데에 있다는 건 남북의 경계쯤에 있다는 뜻이기도 해. 그래서 서울은 한반도를 남과 북으로 가른 6·25 전쟁의 주요 무대가 되었어. 지금까지도 도심 한복판에서 전쟁의 흔적들을 찾을 수 있지.

서울의 대표적인 나루와 역참은?

마포나루는 한강의 대표적인 나루이자 유통의 중심이었어. 지금의 망원한강공원 마포나들목 앞이야. 조선 시대 마포나루에는 소금과 생선을 실은 배가 한 해에 1만 척 넘게 오고 갔다고 해.

또한 강남구 양재역은 조선 시대에 중요한 역참이었어. 한양에서 남쪽 지역을 갈 때 여기서 말을 갈아탔지. 또 양재역 근처에 역참 마을이 3개 있었는데, 이걸 합치면서 '역삼'이라는 지명이 생겼대.

지하로 뻗어 나간 색색의 철도

서울의 지하철이 몇 호선까지 있는지 알아? 맞아, 총 9개야. 파란색 1호선부터 황갈색 9호선까지, 색깔로 기억하는 친구들도 있을 거야. 자주 타는 노선의 역 이름을 줄줄이 외우는 놀이도 재미있지.

지금은 이렇게 익숙해진 지하철이 생기기 전에 사람들은 뭘 타고 다녔을까? 아주 옛날에는 그냥 걸어 다니는 게 보통이었대. 저절로 운동이 되었겠다, 그치? 그러다 1800년대 말에 노면 전차가 생겼어.

1950년대에는 전쟁으로 도로와 다리가 많이 부서지고 끊어져서 그걸 고치느라 정신이 없었지. 1960년대에는 본격적으로 경제 개발 계획이 추진되면서 버스가 많이 늘었어. 반면 차량 이동에 방해되는 노면 전차는 사라졌지.

1970년대에 들어서 경제가 급격히 발달하고 일하려는 사람들이

몰리면서 서울은 교통이 너무 혼잡해졌어. 이를 해결하기 위해 등장한 것이 바로 지하철! 1974년 8월 15일 광복절에 지하철 1호선 개통을 시작으로 지하철 시대가 열리게 돼.

지하철 공사는 땅속의 암석과 가스관·수도관 등을 피해 안전하게 지어야 해서 아주 어려워. 그래서 1호선부터 9호선까지 약 35년에 걸쳐 천천히 단계적으로 지어졌지.

현재는 지하철 1~9호선뿐만 아니라 신림선, 공항철도, 경의중앙선 등의 도시·광역 철도가 서울과 수도권 곳곳을 촘촘히 잇고 있어.

노면 전차

도로에 놓인 레일을 따라 전기로 움직이는 차를 말해. 트램이라고도 하지. 우리나라에서는 1899년 서대문-청량리 구간에 처음 설치되었어. 다만 속도가 느린 데다 타고 내릴 때 위험하고, 점차 자동차가 늘어나니까 이동에 방해가 되었어. 1968년에 결국 모두 추억 속으로 사라졌지.

문화 유적으로 되살아난 옛 서울역

서울역의 과거와 현재

서울역의 역사는 100년이 넘어.
1900년 조선 최초의 열차인 경인 철도의
종착역이었던 남대문 정거장이 그 시작이었지.
일제강점기 때 이곳에 경성역이 새로 지어졌어.
서울역이라는 우리 이름을 되찾은 건 광복 후 1947년이야.
그러다 2000년대 들어 고속철도인 KTX가 생기면서
복합 공간으로 역을 새로 지었지.
그럼 예전 서울역은 어떻게 했을까? 그냥 헐었을까?
우리 역사가 고스란히 담겨 있으니 그럴 수는 없었어.
100년 전 경성역의 내부 모습을 되살려 2년간 공사를 진행했지.
옛 서울역은 이제 '문화역 서울 284'로 불려.

도심 한복판에 남아 있는 전쟁의 기억

1950년 6월 25일 새벽, 북한군이 38선을 넘어 남한을 침략한 사건. 바로 6·25 전쟁의 시작이었어. 한반도에서 한민족으로 살아가던 이들이 둘로 나뉘어 서로에게 총을 들이댄 가슴 아픈 기억이지.

남한, 그러니까 대한민국에 사는 우리는 지금 북한을 직접 가 볼 수 없어. 하지만 서울 한복판에서도 충분히 전쟁을 기억하고 평화를 다짐할 수 있지. 전쟁 당시 서울을 북한에 빼앗겼다가 싸워서 되찾는 과정이 반복되었거든. 그래서 곳곳에 6·25 전쟁 격전 상흔지가 남아 있어.

예를 들어 노량진의 사육신 역사공원에는 이곳이 '한강 방어선 노량진 전투지'였다는 것을 알리는 표지판이 있어. 전쟁 초기에 북한군이 한강을 건너 남쪽으로 내려오는 걸 막기 위해 노량진과 영등포 등 한강 유역에서 6일간 벌인 전투였지.

6·25 전쟁 격전 상흔지

2020년 8월 서울시에서는 6·25 전쟁 70주년을 맞아 '6·25 전쟁 격전 상흔지' 50곳을 지정했어. 전투의 아픈 흔적이 남은 곳들이야. 상흔지마다 표지판을 세웠고, 시민들에게 평화와 안보 의식을 일깨우고자 홈페이지에 그 목록을 제공하고 있지.

1,000명의 슬픈 이름을 기억하며

한강 방어선 전투 전사자 명비

서울이 북한에 함락되자마자 국군은 1950년 6월 28일부터 7월 3일까지 한강 남쪽 기슭에 방어선을 쳤어. 북한군이 더 이상 남한 땅으로 내려오지 못하게 말이야. 덕분에 미국 군대가 도우러 올 때까지 시간을 벌었지. 하지만 북한군이 못 내려오게 한강 인도교를 폭파하면서 이때 다리를 건너던 많은 사람이 희생되고 말았어. 노들나루 공원에 가면 이들의 이름이 새겨진 '한강 방어선 전투 전사자 명비'를 볼 수 있으니 꼭 한번 들러 봐.

산과 강이 지키는 땅

서울은 조선 시대부터 지금까지 600년이 넘는 긴 시간 동안 변함없이 수도였어. 생각해 보면 참 신기한 일이야. 한반도의 그 많은 지역 중 왜 하필 서울이었을까? 서울이 한가운데에 자리하고 있어서? 물론 그 이유도 맞지만 그것만으로는 계속 수도가 아니었을지 몰라.

혹시 '명당'이라는 말 들어 봤어? 서울은 풍수지리로 볼 때 사람이 살기에 아주 좋은 조건을 갖춘 명당이라고 해. 가로 37킬로미터, 세로 30킬로미터 정도 되는 움푹한 분지가 산에 빙글 둘러싸인 아늑한 형태야. 그런 데다 커다란 한강이 가로지르고 있거든. '배산임수', 다시 말해 산을 등지고 물을 바라보는 모습이지.

이러한 지리 덕에 조선 시대의 궁궐과 주요 시설은 모두 서울 안에 만들어졌어. 옛날에 임금이 사는 도읍지의 궁궐을 지키기 위해 주변에 성곽을 쌓았기 때문에 서울을 '도성'이라고도 불렀거든. 이 도성의 안팎을 산이 든든히 지키고 있었던 거야. 도성 안쪽에는 북악산, 낙산, 남산, 인왕산이 있었고, 도성 바깥쪽에는 북한산, 용마산(아차산), 관악산, 덕양산이 있었지.

산과 마찬가지로 강줄기도 도성의 안팎을 감쌌어. 안쪽에는 청계천, 바깥쪽에는 한강이 흐른 거지. 이 모든 게 전형적인 명당의 모습을 띠고 있어. 서울이 어떻게 오랫동안 수도의 자리를 지켜 왔는지 알 만하지?

풍수지리는 미신?

풍수지리는 비과학적인 것 아니냐고? 그렇지만은 않아. 배산임수의 조건은 사람이 살아가기에 좋은 자연환경일 수밖에 없거든.

산에 둘러싸여 있으니 외부로부터 적이 쳐들어오기 어렵지. 게다가 겨울에는 뒤에서 산이 차가운 바람을 막아 주지. 여름에는 앞에서 흐르는 강물이 더위를 식혀 주지. 뒷산은 땔감과 먹거리를 주고, 개천은 농사에 필요한 물을 대 줘. 그러니 배산임수란 단순히 미신이 아니라, 사람들이 오랜 세월 살아오며 얻은 소중한 삶의 지혜이자 과학인 거야.

산으로 둘러싸인 도시

서울에는 산이 많아. 높은 산, 낮은 산 다 합치면 100개가 넘을 정도야. 그런데 아무리 둘러봐도 산이 안 보인다고? 그건 커다랗고 높은 건물이 워낙 많아서 산을 가리고 있기 때문이지.

앞서 배산임수 이야기에서 눈치챘겠지만 서울에 이렇게 산이 많은 건 우연이 아니야. 처음부터 산을 보고 수도를 정했거든. 조선이 처음 세워졌을 때, 태조 이성계가 무학대사에게 명을 내려 적당한 도읍지를 찾아보라고 했대. 그때 무학대사가 올라 보고 반한 산이 바로 인왕산!

서울에는 대표적으로 어떤 산들이 있을까? 먼저 가운데에는 남산이 서 있어. 북쪽으로는 북한산, 도봉산, 수락산, 불암산, 북악산, 인왕산 등이 어깨를 나란히 하고 있지. 동쪽에는 아차산, 남쪽에는 관악산과 청계산이 이름나 있고.

북한산

서울에서 가장 높은 산으로, 서울의 산 중 유일하게 국립공원으로 지정되어 있어. 면적은 약 77제곱킬로미터이고, 곳곳에 깎아지른 바위 봉우리와 그 사이로 흘러내리는 아름다운 계곡을 품고 있지.

아낌없이 주는 한강

한 설문조사에서 서울 시민들에게 서울을 대표하는 명소가 뭐냐고 물었대. 1위가 뭐였게? 바로 한강이야. 한강이라는 이름은 큰 물줄기를 뜻하는 순우리말 '한가람'에서 왔다고 해. '한'은 크고 넓다는 뜻, '가람'은 강이라는 뜻이야.

한강은 서울의 11개 구를 통과해 흐르는 도시의 상징이자 일상 속 공간으로 자리 잡았어. 아름다운 경치, 나들이 공간뿐 아니라 먹고 씻을 수 있는 물인 아리수까지 아낌없이 주지.

한강은 낙동강 다음으로 우리나라에서 두 번째로 긴 강이야. 본래 남한강과 북한강으로 나뉘어 흐르다가 경기도 양수리에서 하나로 합쳐지고, 팔당호를 지나 서울로 들어와. 그리고 서울 곳곳으로 작은 물줄기인 중랑천, 청계천, 홍제천, 불광천 등을 흘려보내지. 이렇게 서울을 통과한 한강은 경기도 김포시에서 임진강과 만난 뒤에 서해로 흘러들어.

그럼 한강의 물줄기가 처음 시작되는 곳은 어디일까? 과학적으로 측정한 결과에 따르면, 강원도 태백시 금대봉 기슭에 있는 계곡인 검룡소가 그 주인공이야.

아리수

한강에서 모은 강물을 정수한 서울의 수돗물 이름이야. 아리수는 NSF(국제위생재단)의 품질 인증을 받고 세계보건기구(WHO)의 170개 항목 기준에도 알맞는 매우 깨끗한 물이니 안심하고 마셔도 돼.

다 같이 돌자! 서울 둘레 한 바퀴

서울 둘레길 21개 코스

걸어서 서울 한 바퀴를 돌 수 있을까?
그러라고 만들어 놓은 길이 있지! 바로 '서울 둘레길'.
전체가 156.5킬로미터인데, 1코스 수락산부터
21코스 북한산 도봉까지 총 21개 코스로 나뉘어 있어.
자연 속에서 휴식할 수 있고, 절과 유적지 등을 통해
서울의 역사와 문화까지 체험할 수 있는 산책길이야.
코스마다 차이는 있지만 주로 대중교통으로 가기 쉽고
경사가 심하지 않아 걷기 좋은 길이지.
자신의 취향과 체력에 맞는 코스를 골라 도전해 보자!

한강 따라 도심 속 허파

한강공원 11개 지구

한강공원은 한강을 깨끗한 강으로 되살리고
시민의 쉼터로 가꾸기 위해 만든 공원이야.
1982년부터 1986년 사이에 강동구 하일동에서
강서구 개화동까지 한강을 둘러싸고
길이 41.5킬로미터, 면적 39.9제곱킬로미터로 만들어졌지.
서울에 총 11개 한강공원 지구가 있어.
한강공원은 시민이 휴식할 수 있는 쉼터일 뿐 아니라
축구장, 배구장, 농구장 등 체육 시설과
자연 학습장, 놀이터, 낚시터 등을 두루 갖추고 있어.

2부

2천 년 역사를 품은 기적의 땅

서울의 역사

서울은 2,000년의 긴 역사를 품은 도시야.
조선 시대에는 독립 운동, 민족 운동의 중심지였고
해방 이후에는 전쟁의 격전지였지.
'한강의 기적'으로 다시 일어서기까지 격동의
역사가 흐르는 곳이야.

❶ 암사동 선사유적박물관
우리나라 선사 시대 대표 유적지

❷ 풍납토성
흙을 쌓아 만든 백제의 성

❸ 북촌 한옥마을
조선 시대 양반들이 살던 동네

❹ 경복궁
조선의 태조가 지은, 모든 궁궐 중 가장 으뜸인 '법궁'

❺ 서대문형무소역사관
일제가 만든 근대식 감옥으로 독립 운동가, 민주화 운동가의 희생이 깃든 곳

❻ 서울광장
민주주의를 지키는 시민의 힘이 모이는 장소

❼ 전쟁기념관
우리나라를 지킨 전쟁과 항쟁의 기록을 모아 둔 곳

❽ 서울역사박물관
서울의 과거와 현재를 한눈에 볼 수 있는 곳

강서구
양천구
구로구

도봉구
노원구
강북구
은평구
종로구
성북구
중랑구
4
3
동대문구
서대문구
5
8
6
중구
마포구
1
강동구
성동구
광진구
용산구
2
7
한강
등포구
송파구
동작구
강남구
서초구
관악구
금천구

위례성부터 한양까지

언제나 사람들로 북적이는 서울, 과연 옛날에도 그랬을까? 이 장에서는 서울의 2,000년 역사를 찬찬히 따라가 볼 거야.

서울에 맨 처음 사람이 살기 시작한 때는 구석기 시대라고 해. 강남구 삼성동에서 흑요석으로 만든 석기가 발견되었지.

신석기 시대에 들어서면서 사람들은 본격적으로 집을 짓고 마을을 이루어 살기 시작했어. 서울 곳곳에서 신석기 시대 유물이 나왔는데, 그중 강동구 암사동 유적지는 움집터와 토기 같은 생활 흔적이 발견된 걸로 유명해.

청동기 시대 유적은 강남구 역삼동과 송파구 가락동 등 여러 곳에 남아 있어. 이 시대의 유적을 보면 사람들이 한강 가까이에서 벼농사를 지으며 살았다는 걸 알 수 있지.

서울이 한반도 역사의 주인공으로 등장한 건 삼국 시대부터야. 서울은 백제의 첫 수도였을 뿐 아니라, 1394년부터는 조선의 수도였어. 그리고 지금까지 무려 600년이 넘게 그 지위를 유지하고 있지.

서울은 시대에 따라 위례성부터 한양까지 여러 이름으로 불려 왔어. 끊임없이 변화해 온 도시, 서울의 살아 있는 역사를 만나 보자.

서울은 이름 부자

서울은 시대에 따라 계속 이름이 바뀌었어. 먼저 백제의 수도일 때는 '위례성'과 '한성', '왕성'이었어. 그러다 신라 진흥왕이 한강 유역을 차지하면서 '신주'라 바꿨고, 이후 통일신라의 경덕왕은 '한주'라 고쳤지.

고려 시대에 '양주', '남경', '한양부'를 거쳐, 조선 시대에 다시 수도가 되면서 '한성부'라고 했는데 사람들은 흔히 '한양'이라고 불렀어.

그러다 일제강점기에 '경성부'(경성)가 되었고, 해방되면서 드디어 지금의 '서울'이 된 거야.

삼국 시대: 너도나도 탐내는 땅

기원전 18년에 고구려 주몽왕의 둘째 아들인 온조가 백제를 세웠어. 그때 위례성, 즉 서울을 수도로 삼았지. 이후 서울은 약 500년간 백제의 수도였어. 더욱이 기원후 300년대 중반 근초고왕이 다스리던 때에 백제는 한반도 중부에서 가장 강한 나라였어. 그래서 지금도 서울에는 백제의 수도였던 흔적들이 남아 있지. 풍납토성과 몽촌토성, 방이동 고분군과 석촌동 고분군 등이 대표적이야.

하지만 영광의 세월을 뒤로하고 백제는 475년 고구려의 공격에 밀려 수도를 웅진(지금의 충청남도 공주)으로 옮기게 돼. 이로써 삼국 시

대에 수도 서울의 역사는 막을 내리지만, 그렇다고 서울의 중요성이 사라진 것은 아니야. 서울은 백제는 물론 다른 나라들도 탐을 내던 지역이었거든.

이를테면 고구려는 475년에 백제로부터 서울 땅을 빼앗은 뒤 지금의 몽촌토성에 사령부를 세워 적을 경계했지. 한편 신라는 554년에 고구려와 동맹을 맺고 백제를 쳐서 한강 유역을 차지했어. 그리고 서울이 신라의 땅이라는 걸 알리기 위해 북한산 비봉에 비석까지 세웠는데, 그게 바로 북한산 신라 진흥왕 순수비야.

이렇게 삼국의 유적을 모두 볼 수 지역은 우리나라에서 서울뿐이야. 옛날부터 서울의 존재감이 얼마나 컸는지 느껴지지?

고려 시대: 수도에 버금가는 삼경

918년에 태조 왕건이 고려를 세우고 서울 지역은 양주라는 이름을 얻었어. 이후 전국에 12목이 설치되고 지방관이 파견되는데, 양주도 이 12목 중 하나였지. 그럼 고려의 수도는 어디였을까? 바로 개경이야. 지금은 북한의 개성시지. 이때 서울은 수도인 개경을 왼쪽에서 지키는 역할을 했어.

그런데 12목에 그칠 서울이 아니지. 다시 말하지만 서울은 교통이 편리한 위치인 데다 자연환경이 뛰어나 사람이 살기 좋은 곳이잖아. 고려에서도 그 점을 인정해 1067년에 서울을 수도 개경 다음으로 지위가 높은 삼경 가운데 하나로 정했어.

또한 왕이 나랏일을 살피다 머무는 별궁을 서울에 짓기도 했지. 2023년에 종로구 신영동 공사 현장에서 이 별궁의 흔적으로 보이는 건물터가 발견되어 화제였어. 고려 시대에도 역시 서울은 나라의 중요한 지역이었다는 걸 알 수 있지?

삼경

고려는 나라의 주요 지역을 '경'이라는 행정 구역으로 지정해서 발전시켰어. 수도인 개경을 빼고 3개의 경이 있어서 삼경이라고 불렀는데, 바로 서경(평양), 동경(경주), 남경(서울)이야.

흙을 쌓아 거대한 성을 만든 힘

흙을 쌓아 만든 풍납토성의 성벽

서울 송파구 풍납동에 있는 풍납토성은
흙을 평지에 둘러쌓은 커다란 성이야.
백제 때 왕이 머물던 곳이지. 과거에는
서울 하면 조선의 수도로만 떠올리는 경우가 많았는데,
1925년에 풍납토성에서 백제 유물이 발견되고
1997년에 크게 발굴을 하면서 과거 백제가 서울을 수도로 한
강력한 중앙 집권 국가였다는 걸 알게 되었지.
원래 성벽의 둘레는 약 3.5킬로미터였는데
지금은 서쪽 일부가 사라져서
약 2.7킬로미터만 남아 있어.

백제의 문화를 한눈에

한성백제박물관

한성백제박물관은 올림픽공원 안에 있어.
백제는 수도를 두 번 옮겼는데(서울에서 공주로, 공주에서 부여로),
그중 서울이 첫 수도였던 시기를 중심으로
오랜 역사를 보여 주는 곳이야.
풍납토성, 몽촌토성, 석촌동 고분군 등 백제 왕실 유적에서
발견한 유물이 전시되어 있지.
이 박물관에 속해 있는 서울백제어린이박물관은
고대 역사와 문화를 놀이처럼 체험할 수 있는
다양한 프로그램을 운영하고 있어.

조선 시대: 600년 수도의 시작

1392년 태조 이성계는 조선을 세우고, 2년 뒤에 서울을 수도로 정했어. 역시 서울의 지리적·경제적·군사적 좋은 점을 알아본 결과지.

앞서 30~31쪽에서 보았듯 당시 서울, 즉 한양 땅은 4개의 산(북악산, 낙산, 남산, 인왕산)으로 사방이 둘러싸여 있었어. 산에서 내려온 물은 청계천으로, 이어서 한강으로 뻗어 나갔지. 적을 막기 위해 산줄기를 따라 기나긴 도성을 쌓았고, 그 안에 궁궐 5개를 지었어. 왕족의 제사를 지내는 종묘, 풍년을 위해 제를 올리는 사직단도 세웠지. 그리고 국가 행정을 맡아보는 관청인 육조도 광화문 앞에 모아 육조거리를 만들었어.

청계천을 기준으로 북쪽을 북촌, 남쪽을 남촌이라고 불렀어. 북촌에는 신분이 높은 관료들이, 남촌에는 서민들이 주로 모여 살았지. 북촌과 남촌 사이가 바로 지금의 종로에 해당해. 여기에는 큰 시장이 자리를 잡고 있어서 물건을 사고파는 일이 활발했지.

육조

조선 시대에 행정 업무를 6개 영역으로 나누어 담담하던 중앙 관청이야. 이조, 호조, 예조, 병조, 형조, 공조가 있지. 오늘날로 치면 예조는 문화체육관광부, 병조는 국방부, 형조는 법무부 등에 속해.

조선 후기: 경제 발전과 사회 변화의 중심

종로의 시장은 점점 커져서 조선 후기에는 청계천 주변과 동대문·남대문까지 뻗어 나갔어. 거기에 광나루, 양화나루, 마포나루 등 한강의 나루터들을 중심으로 교역 활동도 활발해졌지. 옷, 그릇, 종이 등을 만드는 수공업도 크게 발달했어. 그러면서 서울은 점차 상공업 도시로 커 나가게 되었어.

이렇게 경제가 발전하다 보면, 자연스레 다른 변화도 따라오게 마련이야. 사상과 학문이 들어오고 퍼져 나가며 발전하기 좋은 조건이 된 거지. 대표적으로 실학 사상을 들 수 있어. 실학은 말 그대로 생활에 직접 도움이 되는 '실용적인' 학문을 말해. 당시 백성들이 농사짓

기에 더 나은 방법을 연구하는 등 사람들의 삶을 더 낫게 만들려고 애썼어.

이와 함께 서양의 과학 기술과 종교도 서울을 중심으로 우리나라에 들어오기 시작했어. 예를 들어 우주를 관찰하는 망원경이나 정확한 시간을 알려 주는 시계 같은 서양의 과학 기구가 들어와 새로운 지식을 전해 주었지.

서양에서 들어온 종교인 천주교는 모든 사람이 평등하다고 가르쳤어. 신분 차이가 컸던 조선 사회에 새로운 생각을 전해 주었고, 많은 사람의 관심을 받게 되었지.

사회가 바뀌면서 문학과 예술도 큰 변화를 겪었어. 이전에는 주로 양반 중심의 이야기나 그림이 많았다면, 조선 후기로 갈수록 현실의 문제와 서민의 삶을 다룬 작품이 늘어났지. 신분제를 비판한 허균의 소설 《홍길동전》과 서민의 일상을 사실적으로 그린 김홍도의 풍속화 〈씨름〉 같은 작품이 좋은 예야.

또한 조선 후기에는 양반뿐만 아니라 행정이나 상공업에 몸담았던 중인 계층의 사람들이 문학과 예술 활동에 적극적으로 참여한 것도 큰 특징이야.

시간 여행을 온 듯한 북촌

북촌 한옥마을의 골목길

북촌 한옥마을은 조선 시대에 양반, 관료가 살던 동네야.
궁궐, 관청과 가까우니 걸어 다니기 편했겠지?
지금도 약 900채가 넘는 전통 한옥이 모여 있고,
대청마루, 기와지붕, 돌담 등이 잘 보존되어 있는 편이지.
북촌 한옥마을은 단순히 민속 유산에 그치는 것이 아니라
지금도 여전히 주민이 살고, 손님을 맞는 살아 있는 공간이야.
그래서 조선 시대부터 근현대까지 서울의
전통과 변화를 동시에 느낄 수 있는 상징적 장소로 통하지.

수도를 지킨 도성과 사대문

낙산에 있는 한양도성 성곽길

한양도성은 조선의 태조가 수도를 지키기 위해 쌓은 성곽이야. 북악산, 낙산, 남산, 인왕산의 산줄기를 따라 약 18.6킬로미터에 이르지. 꽁꽁 막기만 하면 안 되니까, 사방으로 사람과 물자가 드나들 수 있게 4개의 큰 문을 세웠어. 바로 동대문(흥인지문), 서대문(돈의문), 남대문(숭례문), 북대문(숙정문)! 이 문들은 지금도 서울의 역사적 상징으로 남아 있어. 한양도성은 여러 번 수리를 거쳤기 때문에, 자세히 보면 쌓는 방법이나 돌의 모양에 따라 시기를 구분할 수 있어.

서울의 명소

살아 있는 역사 박물관
5대궁

서울에는 조선 시대의 왕들이 살며 나라를 다스리던 5개의 궁이 남아 있어. 경복궁, 창덕궁, 창경궁, 덕수궁, 경희궁으로, 다 합쳐서 5대궁이라고 부르지. 조선의 왕이 살던 곳이라 비슷할 것 같아도 알고 보면 의미나 역사가 다 달라.

가장 먼저 지어진 건 경복궁. 1394년 태조가 조선 왕조의 기틀을 다잡기 위해 북악산 앞쪽 넓은 터에 짓기 시작해 이듬해 완성했지. 모든 궁궐 중 가장 으뜸인 '법궁' 역할을 했어. 하지만 16세기 말 임진왜란 때 불타 버리고 말아. 이후 오래 방치되었다가 19세기 중반 이후 왕권을 드높이려 했던 흥선대원군이 다시 크게 지었어.

창덕궁과 창경궁도 임진왜란 때에 불탔다가 다시 지었어. 창덕궁은 왕들이 가장 오래 살았던 궁으로, 자연환경을 최대한 그대로 살려 지어서 아름다운 모습을 자랑해. 1997년 유네스코 세계문화유산에 올랐을 정도야. 창경궁은 왕비와 대비 등 왕실 가족의 생활을 위해 창덕궁 옆에 지은 궁이야.

경희궁은 궁 중에서 가장 서쪽에 있던 별궁이야. 여러 왕이 이곳에서 나랏일을 보았지. 경희궁은 100여 개의 건물이 있을 만큼 규모가 컸지만, 일제강

경복궁의 중심 건물인 근정전

점기에 건물 대부분이 철거되어서 큰 손실을 입었어.

덕수궁은 조선 후기와 대한제국 시기의 역사가 담긴 궁으로, 고종 황제가 머물렀어. 돌로 지은 서양식 건물인 석조전, 서양식 기둥에 한식 지붕을 얹은 정관헌 등 근대 문화가 자리 잡은 과정을 보여 주는 공간이야.

이처럼 5대궁은 시대마다 쓰임과 모습이 달라졌지. 서울의 역사적·정치적 변화가 고스란히 담긴 살아 있는 역사 박물관이라고 할 수 있어.

나라의 운명을 짊어진 저항의 도시

서울은 수백 년에 걸쳐 수도로서 나라의 심장 같은 역할을 했어. 그래서 외세의 침략을 받을 때에도 그 중심에는 항상 서울이 있었지. 나라를 지키거나 되찾기 위해 수많은 사람이 모이고, 외치고, 싸운 흔적을 지금도 서울 곳곳에서 찾아볼 수 있어.

특히 일제강점기에는 일본의 침략에 맞서기 위한 다양한 움직임이 일어났어. 지식인과 민족 지도자뿐 아니라 수많은 백성이 함께했지. 그 움직임이 한데 모여 폭발한 것이 바로 3·1운동이야. 이 만세 운동은 전국으로 퍼져 나갔고, 이때 체포당한 많은 이가 서울의 서대문형무소에 끌려갔어.

그렇게 수많은 희생으로 되찾은 나라였지만 위기는 외세를 물리친 이후에도 끊이지 않았어. 서울은 평범한 이들의 삶을 짓밟는 불의에 맞서, 자유와 민주주의를 위해 싸워 온 도시야. 부정선거에 저항한 4·19 혁명, 군사 독재에 저항한 6월 민주항쟁 등의 무대가 바로 서울이었지.

이처럼 서울은 단순한 수도를 넘어, 나라를 지키려는 사람들이 모여 함께 싸웠던 거대한 장이었어. 2장에서는 바로 이 저항의 역사를 따라가 보려고 해.

독재란 무엇일까?

우리나라 헌법에는 "모든 권력은 국민으로부터 나온다"라고 되어 있어. 그런데 독재란 국가 권력을 한 사람이나 일부가 쥐고 휘두르는 걸 말해. 독재자는 권력을 계속 혼자 차지하기 위해 언론을 통제하고 반대 의견을 억누르지. 정치 제도가 약하거나 경제적 위기, 사회적 혼란이 있을 때 독재가 일어나기 쉬워.

궁 한복판에서 벌어진 나라의 비극

1895년 10월 8일 새벽, 서울 경복궁에 일본군들이 들이닥쳤어. 그들은 궁을 마구 수색하다 조선의 왕비를 찾아냈고 그 자리에서 살해했어. 그리고 시신을 불태워 버렸지. 이게 바로 온 나라를 충격에 빠뜨린 을미사변이야. 그날 이후로 고종을 비롯한 궁궐 사람들은 커다란 공포와 불안에 떨어야 했어.

그로부터 몇 달 뒤인 1896년 2월, 고종이 새벽에 몰래 궁궐을 빠져나갔어. 일본군의 눈에 띄지 않기 위해 가마에 몸을 숨기고 경복궁에서 정동까지 조용히 이동했지. 일본에 맞서 조선을 도와줄 거라고 여겼던 러시아의 공사관으로 거처를 옮긴 거야. 이를 아관파천이라고 불러.

조선으로서는 일본에 맞서기 위한 방법이었지만, 이로 인해 러시아를 비롯한 외세의 간섭과 횡포는 더욱 심해지게 되었어.

아관파천

아(俄)는 러시아, 관(館)은 공사관, 파천(播遷)은 임금이 난리를 피해 사는 곳을 옮기는 것을 뜻해. 고종은 1년 동안 러시아 공사관에서 지냈다고 해.

독립을 향한 열망, 대한제국

1897년, 고종은 나라 이름을 조선에서 대한제국으로 바꾸고, 왕에서 황제로 자신의 지위를 올렸어. 더 이상 외세에 휘둘리지 않는 자주적인 독립국이 되고 싶었기 때문이야. 또한 그해의 이름을 '광무(光武)'로 정하고 광무개혁을 추진했어.

이 개혁이 가장 눈에 띄게 펼쳐진 곳이 바로 서울이야. 새 황궁인 덕수궁을 중심으로 도로를 뚫고, 전기·전차·전신·전화·철도를 설치했지. 근대적인 학교를 세워서 교육에도 힘썼어. 하지만 왕과 관리들의 보수적 태도와 외세의 간섭 때문에 개혁은 힘을 쓰지 못했어. 그래서 목표였던 '주권 국가'의 길에는 이르지 못한 채로 끝났지.

하늘에 빌던 대한제국의 안녕

서울 중구 소공로에 복원된 환구단

환구단은 대한제국 때 고종이 황제 즉위식을 올리고
하늘에 제사를 지내기 위해 만든 제단이야.
하지만 일제강점기에 일본 제국이 이곳을 헐어 버리고
그 자리에 호텔을 짓고 말아. 시간이 흘러
2007년에 엉뚱하게도 강북구 우이동에서
사라진 환구단 정문이 발견되었어.
이것을 많은 시민이 볼 수 있도록
서울광장 맞은편에 옮겨와 다시 세웠지.

독립의 의지를 모아서 세운 문

서울 서대문구에 있는 독립문

독립문은 높이 약 14미터의 큰 돌문이야.
중국의 사신을 맞이하던 장소인 영은문을 헐고
자주국으로서 의지를 다지기 위해 그 자리에 세웠지.
1896년 서재필이 독립협회를 만들며 독립문을 세우자 제안했고,
많은 사람의 도움으로 1897년에 완공되었어.
프랑스 파리의 개선문을 본떠 만들었고,
앞뒤의 현판에는 각각 한글과 한자로 '독립문'이라는
글씨와 양옆에 태극기가 새겨져 있어.

탑골공원에 울려 퍼진 만세 소리

1910년 8월 29일, 한일병합조약이 선포되면서 우리나라는 일본 제국의 식민 지배를 받게 되었지. 하지만 포기를 모르는 게 우리 민족이잖아. 우리 민족은 일본에 맞서는 활동을 계속했어. 그럼 가장 크게 일어났던 독립 운동은 뭘까? 바로 '3·1 운동'이야.

1919년 3월 1일, 서울의 탑골공원에서 "대한독립 만세!"라는 외침이 처음 울려 퍼졌어. 그러자 종로의 상인, 길을 걷던 학생, 어른과 아이 가릴 것 없이 다들 따라나섰지. 일본 경찰은 황급히 막으려고 했지만 사람들은 계속해서 만세를 외쳤어. 이들은 종로에서 광화문, 그리고 남대문 쪽으로 계속 걸으며 물결처럼 퍼져 나갔어. 서울 곳곳에서 만세 소리가 온종일 이어졌지.

이때 만세 운동을 주도한 사람들 중 한 분이 유관순 열사야. 유관순을 비롯해 많은 이가 그저 만세를 불렀다는 이유로 일본 경찰에 체포되어 서대문감옥에 갇혔지. 하지만 이날의 외침은 전국으로 퍼졌고, 온 나라를 하나로 묶어 주었어.

민족 수난과 저항의 역사를 기억하며

위에서 본 서대문형무소역사관

1908년 일본 제국이 조선 사람을 잡아 가두기 위해
근대식 감옥을 지었어. 바로 경성감옥.
이후 서대문감옥, 서대문형무소, 서울구치소 등으로
이름을 바꾸며 1987년까지 사용되었지.
일제강점기에는 독립 운동가, 해방 후에는 민주화 운동가를
가둬 많은 이의 고통이 깃든 곳이야.
1998년 서대문형무소역사관으로 새로이 문을 열었어.
가혹한 옥살이와 고문 속에서도 자유와 평화를
꿈꿨던 사람들의 뜻을 기리고 있지.

대한민국의 첫 시민 혁명

1960년 봄, 서울에는 큰 변화의 바람이 불기 시작했어. 제4대 대통령 선거가 3·15 부정 선거로 치러졌거든. 이에 항의하여 처음에는 경남 마산에서 반대 시위가 일어났어. 시위에 참가했던 고등학생 김주열이 경찰에 의해 목숨을 잃자 저항의 열기는 전국으로 번졌지.

곧 서울의 대학생들이 부정 선거를 다시 조사하라며 거리로 나왔어. 4월 19일이 되자 전국에서 모인 학생과 시민이 서울 시내 곳곳을 가득 채웠지. 그러자 경찰은 시위대를 향해 총을 쏘며 막았고 많은 사람이 다치거나 목숨을 잃었어. 이 일로 시민들의 분노가 더욱 거세지자 결국 당시 대통령은 자리에서 물러났어.

4·19 혁명은 이렇듯 학생과 시민의 힘으로 독재 정권을 무너뜨리고, 대한민국 민주주의의 발전에 큰 밑거름이 된 혁명으로 평가받아. 이는 대한민국 헌법 전문에도 "불의에 항거한 4·19 민주 이념을 계승"한다라는 말로 똑똑히 적혀 있지.

3·15 부정 선거

이미 세 번이나 대통령을 지낸 이승만과 자유당이 정권을 더 오래 잡으려고 저지른 범죄야. 경찰과 공무원을 시켜 투표함을 바꾸고, 득표수를 몰래 고치는 등 선거 결과를 마음대로 조작했어.

학생들의 용기와 희생을 잊지 말자

4·19 학생혁명기념탑

국립4·19민주묘지 한가운데에 세워진 탑이야.

높이 21미터의 화강암 기둥 7개로 이루어져 있어.

이 탑은 1960년 4·19 혁명 때 독재와 불의에 맞서 싸우다

희생된 학생들의 정신을 기리기 위해 세워졌어.

국민 성금과 국가 지원으로 1963년에 완성되었고,

비문에는 정의를 위해 목숨을 바친 학생들의 용기와 희생을

기억하자는 글이 새겨져 있어.

지금도 매년 4월이 되면 그들의 뜻을 되새기며

민주주의의 소중함을 배우는 장소야.

대통령을 우리 손으로 뽑기까지

민주주의는 한 번의 투쟁으로 영원히 얻을 수 있는 게 아니야. 정치 분위기가 불안정한 틈을 타서 군인들이 쿠데타를 일으켜 권력을 쥐기도 하거든. 전두환은 그렇게 대통령이 되었어. 1980년에 5·18 광주 민주화 운동을 폭력적으로 진압한 뒤에 이듬해 대통령으로 취임했지.

물론 그가 대통령이 된 뒤에도 독재는 계속되었어. 1987년 1월 민주화 운동을 하던 서울대학교 학생 박종철을 고문으로 사망하게 해 놓고 숨겼지. 또한 당시 국민의 손으로 대통령을 직접 뽑도록 헌법을 바꿔야 한다는 요구가 거셌는데, 그 논의를 못 하게 금지하기까지 했어.

여기에 더해 같은 해 6월 9일, 연세대학교 학생 이한열이 시위 도중 경찰이 쏜 최루탄에 맞아 사망하면서 민주 항쟁의 불씨가 당겨졌어. 다음 날부터 학생뿐 아니라 직장인, 종교인 등 수많은 시민이 서울의 광장으로, 거리로 쏟아져 나와 약 20일 동안 시위를 이어 갔지.

정부는 결국 6월 29일, 헌법을 바꾸고 국민의 자유와 인권을 보장하겠다고 발표했어. 대한민국이 지금처럼 직접 투표로 대통령을 뽑을 수 있게 된 건 이러한 '6월 민주 항쟁'이 있었기 때문이야.

명동을 밝힌 민주화의 성지

명동성당 첨탑과 내부

명동성당은 천주교 대성당으로,
민주화 운동의 상징적인 장소이기도 해.
1980년대에 전두환 군사 독재 정권의 탄압을 피해
민주화를 외치던 사람들이 명동성당에 모여들었거든.
특히 6월 민주 항쟁 때 시위대가 성당 안으로 몸을 피하자
김수환 추기경은 이렇게 말하며 경찰을 막았다고 해.
"그들을 체포하려면 나와 신부님들과 수녀님들을 짓밟고 가십시오."
이렇게 명동성당은 자유와 민주주의를 지키는
용기와 희망의 상징이 된 거야.

서울의 명소

뿌리 깊은 민주주의의 무대

광화문광장·서울광장

서울의 광화문과 시청 앞 광장은 대한민국의 민주주의를 지켜 온 중요한 공간이야. 이곳의 역사는 1897년 고종 황제가 러시아 공사관에서 덕수궁으로 돌아온 뒤, 대한문 앞에 큰길과 광장을 만들면서 시작되었어.

광장은 나라의 기틀을 바로잡는 상징적인 장소가 되었고, 이후 시민들이 모이는 무대가 되었지. 앞서 살펴본 4·19 혁명, 6월 민주 항쟁의 물결도 이곳을 가득 메웠어.

이후로도 시민들은 국가와 사회 문제에 대해 목소리를 내기 위해 광장에 모였지. 2008년에는 광우병 위험이 있는 미국산 쇠고기 수입에 반대하며 '촛불 시위'가 크게 일어났어. 결국 정부는 수입 협상을 다시 진행해야만 했지.

2016년에는 나랏일을 사적으로 휘두른 박근혜 대통령 퇴진 운동이 일어

2016년 10월 저녁, 광화문광장의 촛불 시위

나 수백만 명의 시민이 다시 촛불을 들고 모였어. 실제로 대통령 탄핵으로 이어지며 큰 변화를 만들었지.

2024년에는 윤석열 대통령 탄핵 시위가 있었어. 12월 3일 밤, 대통령이 비상 계엄을 선포했거든. 계엄이란, 나라에 전쟁 같은 위급한 사태가 닥쳤을 때 군대가 법과 질서를 맡아 다스리는 것을 말해. 그런데 당시 우리나라는 전혀 위급한 상황이 아니었으니, 많은 시민이 당혹스럽고 분노하게 되었지.

이때 시위는 해외에서도 무척 큰 이슈가 되었어. 다양한 나이의 수많은 사람들이 스스로 광장에 모인 데다, 다 함께 케이팝을 부르며 응원봉을 흔드는 등 다른 나라에서는 볼 수 없는 열정적이고도 평화로운 시위였거든.

결국 대통령이 헌법재판소의 결정으로 파면되면서, 다시 한번 광장은 민주주의를 지키는 시민의 힘을 보여 주는 장소가 되었어.

전쟁을 딛고 이룬 눈부신 경제 성장

1945년 8월 15일, 우리나라는 일제의 식민 지배에서 벗어나 광복을 맞았어. 서울은 다시 온전한 수도가 되었지. 하지만 기쁨도 잠시, 1950년 6월 25일에 북한군이 탱크와 수많은 군인을 몰고 내려와 서울은 전쟁의 한복판이 되고 말아.

서울에 살던 사람들은 대부분 남쪽으로 급히 피난을 가야 했지. 건물과 다리, 도로는 모두 무너져 버렸어. 도시 전체가 폐허 그 자체였지.

1953년 7월 가까스로 전쟁이 끝난 뒤, 사람들은 무너진 서울을 다시 일으켜 세우기 위해 힘을 모았어. 도로를 넓히고, 학교와 병원을 세우고, 사람들이 살 집도 다시 지었지.

1960~1980년대에 들어서 대한민국은 매우 빠르게 경제 성장을 이루었어. 이 시기를 '한강의 기적'이라고 부를 정도로 정말 믿기 어려운 속도였지. 전쟁으로 폐허가 된 작고 가난한 나라가, 짧은 시간 동안 공장을 세우고 산업을 키워서 세계가 놀랄 만큼 빨리 발전한 거야. 이 시기 정부가 '경제 개발 계획'을 세우고, 국민은 도시와 농촌 가릴 것 없이 각자의 자리에서 땀 흘려 일한 덕분이었지.

이때 서울의 모습도 많이 바뀌었는데 특히 한강의 남쪽, 즉 지금의 강남 지역이 집중적으로 개발되기 시작했어. 강남은 서울이 현재와 같은 대도시로 성장하는 데 주도적인 역할을 했어.

경제 개발 계획을 왜 세우지?

우리나라 정부는 1962년부터 1981년까지 네 차례에 걸쳐 '경제 개발 5개년 계획'을 추진했어. 경제를 발전시키기 위한 다양한 계획을 통해, 모두가 성장에 힘을 모을 수 있도록 하기 위해서였지. 그 결과 우리나라 경제는 짧은 시간 동안 빠르게 성장할 수 있었어.

잃어버린 서울, 되찾은 서울

6·25 전쟁이 터지고 사흘째 되는 날, 서울은 북한군에게 점령당했어. 1장에서 이야기했듯 한강 인도교(지금의 한강대교)가 폭파되면서 수많은 사람이 목숨을 잃었고, 한강을 건너지 못한 사람들은 서울에 남아 공포에 떨어야 했지.

그러나 그해 9월, 유엔군과 우리 군의 인천 상륙 작전이 성공하면서 상황이 바뀌었어. 갑작스러운 공격에 북한군이 혼란에 빠진 사이, 우리는 다시 서울을 향해 나아갔고 마침내 9월 28일 서울을 되찾았지. 이를 '9·28 서울 수복'이라고 불러.

그렇지만 이 승리 역시 오래가지 않았어. 겨울이 되자 중국군이 참전해 북한군과 함께 다시 남쪽으로 밀고 내려왔거든. 결국 1951년 1월, 우리는 서울을 또다시 빼앗기게 돼. 한겨울에 벌어진 이 두 번째 피난을 '1·4 후퇴'라고 하지.

그 후 치열한 전투가 벌어진 끝에 두 달 만에 서울을 되찾았고, 그 이후로는 다행히 빼앗기지 않았어. 하지만 여러 차례 뺏기고 뺏는 동안 서울이 어떻게 되었겠어? 그야말로 너덜너덜해진 도시를 다시 일으켜 세우느라 시민들은 오랫동안 고난을 겪어야 했어.

평화를 위한 약속, 전쟁기념관

6·25 전쟁 50주년을 기념해 만든 탑

전쟁기념관은 서울 용산구에 있는 우리나라 대표 기념관으로, 나라를 지켜 온 전쟁과 항쟁의 기록을 모아 두고 있어. 전쟁을 막고 평화를 지키자는 뜻을 담아 1994년에 문을 열었지. 야외에는 탱크, 장갑차 등의 실제 무기와 조각상이 전시되어 있어. 실내에는 선사 시대부터 6·25 전쟁까지의 역사를 모형과 자료로 전시해 두었지. 전쟁이 얼마나 비극적이며 왜 평화가 소중한지 느낄 수 있는 곳이야.

젊은 여성들이 일궈 낸 산업

여러분, 청계천에 가 봤어? 지금의 청계천은 낮밤으로 거닐기 좋은 깨끗한 산책로야. 하지만 1900년대 초반만 해도 작은 가게와 집이 다닥다닥 붙어 있는 어지러운 동네였어. 6·25 전쟁이 끝난 뒤, 수많은 사람이 일자리를 찾아 서울로 모여들었거든. 갈 곳 없는 사람들은 청계천 근처에 판잣집을 짓고 살았지.

곧 청계천은 쓰레기가 쌓이고 비만 오면 넘쳐서 점점 더러워졌어. 결국 하천 위를 콘크리트 뚜껑으로 덮고 그 위에 도로를 만들어 버렸지. 판잣집이 사라진 자리에는 평화시장과 공장들이 들어섰어.

그때 가난 때문에 학교에 가지 못한 어린 소녀들이 이 공장들로 몰려들었어. 대부분 가족을 위해 희생하며 종일 힘든 일을 했지. 바로 이 청계천 방직 공장에서 옷을 만든 여성 노동자들이 전쟁 직후 우리나라 산업을 일으키는 데 큰 힘이 되었어.

평화시장

이곳에서 일하던 노동자 전태일은 너무 위험한 환경에서 일하는 동료들을 위해 '근로기준법을 지키라'고 요구하며 스스로 목숨을 끊었어. 이 사건을 계기로 평화시장 노동자들이 단결해 노동조합을 만들었고, 1970~1980년대 우리나라의 노동 운동과 민주화 운동에 큰 역할을 했어.

허허벌판에서 빌딩숲이 된 강남

1960년대까지 서울 인구는 한강 북쪽인 강북에 몰려 있었어. 가뜩이나 산이 많고 땅이 좁은 강북에는 더 이상 집을 지을 곳이 부족했지. 그런데 서울로 사람들이 계속 밀려드니 넓은 땅이 필요했고, 이때 눈길을 돌린 곳이 바로 한강 남쪽의 강남이었어. 당시 강남은 논밭이 넓게 펼쳐진 한적한 농촌 지역이었으니까.

정부는 강남에 넓은 도로를 깔고, 학교와 아파트를 짓고, 땅 밑으로 지하 철도를 연결하는 계획을 세웠어. 이윽고 1970년대에 강남대로가 뚫리고, 곳곳에 아파트 단지가 들어서자 사람들이 강남으로 이사하기 시작했지. 또 당시 명문으로 꼽히던 학교들이 옮겨 오면서, 학부모들이 따라서 강남에 집을 구하려고 했어. 이런 변화 덕분에 강남은 서울의 새로운 중심지로 성장할 수 있었던 거야.

하지만 뭐든 지나치면 문제가 되잖아. 강남은 처음부터 아주 빠른 속도로 개발되다 보니 땅값과 집값이 가파르게 올랐어. 강남과 다른 지역 사이의 격차도 크게 벌어졌지. 또 개발이 계속되는 동안 자연이 훼손될 수밖에 없었어.

지금도 이러한 문제들을 안고 있긴 하지만, 강남 개발은 오늘날 서울을 만든 중요한 역사 중 하나야.

88 서울 올림픽이 바꾼 도시 풍경

1988년 서울에서 올림픽이 열렸던 것 알고 있어? 인터넷에 '호돌이'를 검색해 봐. 최고로 귀여운 호랑이 마스코트가 뜰 거야.

올림픽은 서울이 세계적인 도시로 발돋움한 큰 전환점이었어. 나라에서 올림픽을 준비하면서 서울 곳곳을 깨끗이 정비하고, 도로와 지하철, 공원 등의 편의 시설을 크게 늘렸거든.

올림픽 전후로 서울이 얼마나 바뀌었는지는 건물 높이를 보면 알 수 있어. 광복 직후에 서울에서 가장 높은 건물은 8층짜리 호텔이었는데, 올림픽 이후로는 몇십 층짜리 고층 건물이 많이 생겼거든.

하지만 올림픽이 서울에 좋은 영향만 남긴 것은 아니야. 도시를 깨끗하고 세련되게 만든다는 이유로, 오래된 집들을 갑자기 철거해 버리기도 했거든. 이 과정에서 집과 일터를 잃은 사람이 많았어.

서울의 역사를 한눈에

서울역사박물관의 입구

서울역사박물관은 서울의 과거와 현재를
한눈에 볼 수 있는 도시 역사 박물관이야.
선사 시대부터 현대까지 서울의 문화와 생활을 보여 주고 있어.
특히 조선 중기 이후부터 20세기 말까지의 자료가 많아서
서울이 어떻게 발전해 왔는지 알 수 있지.
서울 시민뿐 아니라 외국인 방문객에게도
서울의 전통과 문화를 체험할 수 있는
대표적인 문화 공간이야.

서울의 명소

사라져 가는 서울의 그늘

쪽방촌

서울은 짧은 시간 동안 높은 빌딩이 세워지고, 지하철이 뚫리고, 세계에서 손꼽히는 아름다운 도시로 성장했지. 하지만 눈부신 발전 뒤에는 언제나 보이지 않는 그늘도 있게 마련이야. 그중 하나가 바로 쪽방촌.

쪽방은 방을 아주 작게 나눠서 한두 사람이 겨우 들어가 누울 수 있게 만든 공간이야. 1960~1970년대에 사람들이 일자리를 찾아 서울로 몰려들었는데, 살 집이 부족하니 방을 쪼개 쪽방을 만든 거지.

쪽방촌에 찾아든 이들은 대부분 돈이 없어 다른 곳에 집을 구할 수 없는 사람들이었어. 쪽방촌은 큰 액수의 보증금 없이 달마다 적은 월세만 내면 살 수 있었거든. 대신 좁고 낡은 방에서 살며 화장실과 샤워장을 공동으로 써야 했고, 밥은 휴대용 버너로 지어 먹을 만큼 열악했어.

2023년 조사에 따르면, 서울 시내에만 3,000여 개의 쪽방이 남아 있다고 해. 그중 영등포 쪽방촌에만 500개가 넘어. 서울시는 2012년부터 벽화 그리기와 화장실 고치기 같은 사업을 했고, 2013년에는 쪽방을 리모델링하기도 했어. 하지만 동네가 너무 오래되고 낡아서 큰 효과는 없었지.

결국 정부와 서울시, 영등포구가 함께 쪽방촌을 철거하고 새 아파트를 짓

2021년 영등포 쪽방촌의 골목

는 계획을 세웠어. 2026년에는 쪽방 주민들이 다시 들어갈 수 있는 임대주택과 청년·신혼부부를 위한 임대주택 등이 대규모로 들어설 예정이야.

왜 곧 사라질 쪽방촌을 서울의 명소로 소개하냐고? 서울의 매우 빠른 발전 속에는 이런 어려운 역사가 함께 존재한다는 걸 기억해야 하기 때문이야.

3부

희망을 안고 달려온 공간

서울의 문학

서울은 오랜 수도로 상공업과 경제가 가장 먼저 발달했어. 그 덕에 문화와 예술도 크게 꽃피울 수 있었지. 그러나 전쟁과 식민 지배로 고통을 겪기도 했어.
근대화 이후에는 빠르게 도시화가 이루어졌어. 이러한 시절을 거치며 서울은 외롭고 소외된 사람들의 삶을 그린 문학 작품의 주요 무대가 되었지.

❶ 성균관
고려·조선 시대에 인재를 키우던 국가 최고 교육 기관

❷ 남대문 시장
600여 년의 역사를 자랑하는 전통 시장

❸ 윤동주 문학관
시인 윤동주의 문학 작품과 자료를 전시한 곳

❹ 왕십리역
김소월의 시비를 볼 수 있는 곳

❺ 청계천
서울 도심을 가로지는 하천으로 《천변풍경》의 배경지

❻ 서울생활사박물관
근현대 서울 시민의 일상을 볼 수 있는 박물관

❼ 해방촌
1945년 해방 후 남산 아래에 생긴 피난민 마을

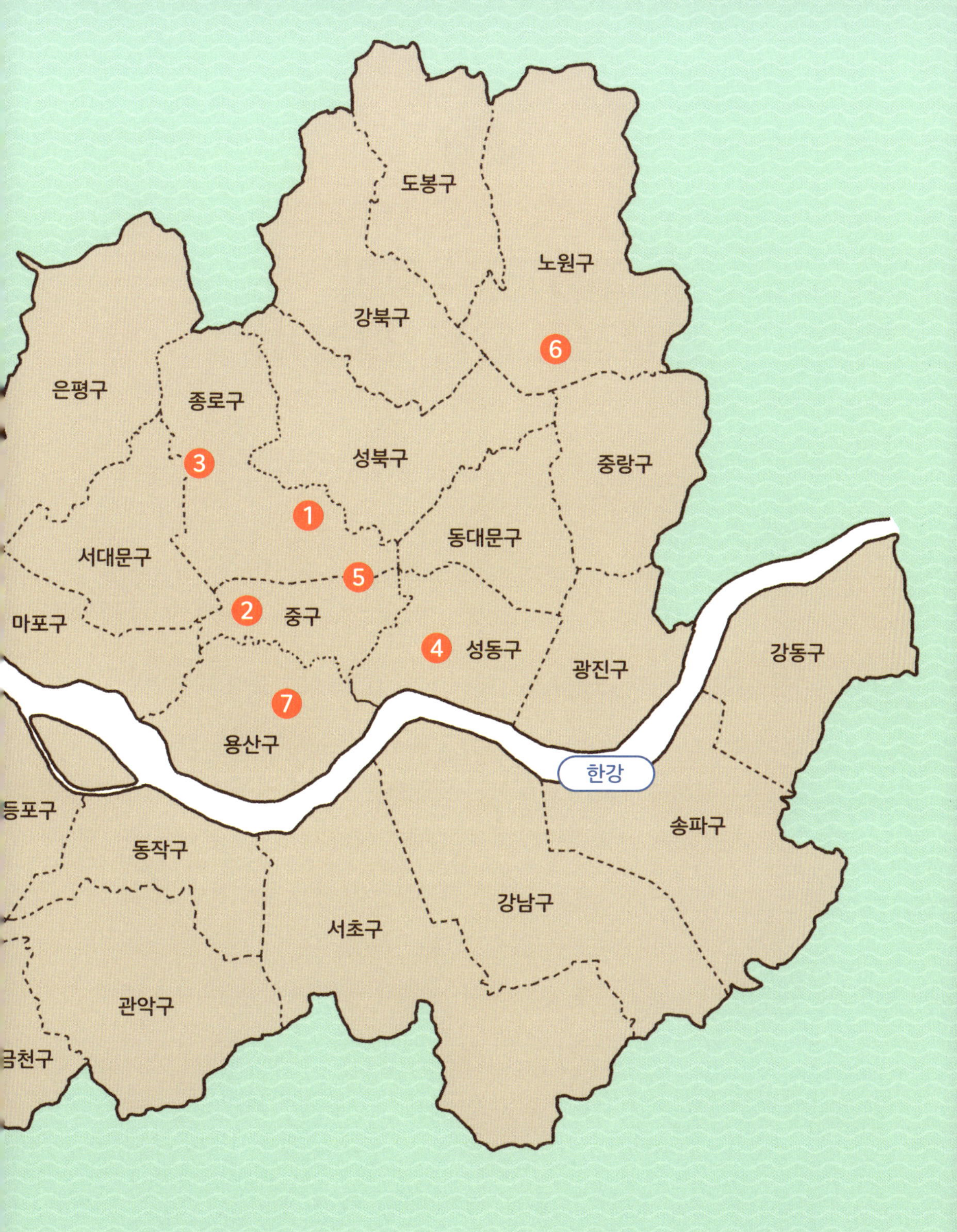
도봉구
노원구
강북구
6
은평구
종로구
3
성북구
중랑구
1
동대문구
서대문구
5
2
중구
마포구
4
성동구
광진구
강동구
7
용산구
한강
등포구
송파구
동작구
강남구
서초구
관악구
금천구

활기찬 수도의 진풍경을 담은 〈한양가〉

〈한양가〉는 1844년 조선 헌종 때 지어진 긴 노래로, 당시 수도였던 한양의 모습과 문화를 아주 자세하게 담고 있어. 궁궐 제도, 왕실 행사, 그리고 백성들이 즐기던 놀이와 공연까지 폭넓게 기록되어 있지.

지은이는 한산거사라는 호 외에 본명은 알려지지 않았는데 작품 속에 궁중 연희나 승전 놀음 같은 전문적인 묘사가 등장하는 걸 보면, 궁중 문화에 익숙한 관리였을 거라는 추측도 있어.

누구인지는 몰라도 왜 넓은 조선 땅 중에 한양만 콕 짚어 긴 노래를 지었을까? 그건 마지막에 "천하제국 제일이다"라는 말과 함께 구구절절 치켜세운 부분에서 잘 드러나. 저자는 한양이 세계 최고라고

자부하고 있는 거지.

아주 오래전에 쓰인 작품은 사람들이 베껴 쓰고, 또 입으로 부르면서 퍼졌는데 그 과정에서 자연스레 내용이 조금씩 바뀌게 되거든. 〈한양가〉도 그렇게 다양한 버전이 존재해. 내용을 간추려 짧게 요약한 버전도 있어.

〈한양가〉는 19세기 국문 가사의 흐름을 보여 주는 대표적인 문학 작품이야. 동시에 당시 현실을 기록한 귀중한 역사 자료로 평가돼. 1800년대 서울 지역의 풍속을 밝히는 데 큰 역할을 했지.

10년 공부로 이룬 장원의 기쁨

〈한양가〉에는 조선 시대 한양의 여러 모습이 자세히 담겨 있는데, 그중에서도 관리를 뽑는 시험에 대해 들려줄게.

조선 시대에는 나라에서 열리는 큰 시험인 '과거'가 있었어. 이 시험에 합격하면 나라의 높은 관리가 될 수 있었기 때문에 많은 사람이 합격을 꿈꾸었어. 또한 정해진 때에 시험을 치르기 위해 전국에서 수도인 한양으로 몰려 들었지. 〈한양가〉에는 그 과정이 생생하게 담겨 있어.

"선비의 거동 보소 반물 들인 모시 청포, 검은 띠 둘러 띠고 유건에 붓주머니/ 십년등하 죽을 공부 금일등과 하였는고/ 몸에는 홍삼이요 머리에는 어사화라."

위의 첫 문장에는 시험을 보는 선비들의 단정한 옷차림이 묘사되어 있지. 두 번째 문장에는 그들이 등잔불 아래서 죽도록 공부해 과거에 급제했다는 게 나와. 세 번째 문장을 통해 1등 즉, 장원 급제를 한 사람이 붉은 옷을 입고, 머리에는 임금이 내린 꽃을 꽂은 채 한양 시내를 행진했다는 것을 알 수 있어.

안 파는 게 없는 한양의 핫플레이스

〈한양가〉에는 당시 한양의 시전(상점) 거리와 장터의 모습도 자세히 나와 있어. 지금의 종로에 있는 종각역 사거리는 당시 조선 최대의 상업 지역이었거든. 육의전을 포함해 많은 시전이 들어서 있었고 비단, 종이, 붓, 생선, 과일, 도끼, 책, 그림까지 안 파는 게 없었지.

한양은 물론 지방에서 올라온 양반, 중인, 상인, 노비까지 모두가 이곳에서 필요한 물건을 샀어. 그러니 물건을 실은 소와 말, 지게꾼이 끊임없이 드나들었지. 수많은 사람이 구름같이 모였다가 흩어진다고 해서 구름 운(雲), 따를 종(從), 거리 가(街)를 붙여 이곳을 운종가라고 부르기도 했어. 사람이 구름처럼 따라다니는 거리라는 뜻이지.

〈한양가〉에는 이곳에서 팔던 물건들이 무엇인지 아주 자세히 나와. 장사꾼이 값을 흥정하고, 손님을 부르는 소리로 장터가 요란했다고도 해. 또 돈을 많이 벌어 겉이 번지르르한 상인들도 있었다고 하지.

육의전

비단과 명주, 무명, 모시, 종이, 생선까지 이 여섯 가지 중요한 물건을 파는 상점을 육의전이라고 불렀어. 나라 살림에 필요한 물건들을 바치는 대신에, 자기들이 파는 물건을 독점할 수 있는 특권을 누렸지.

나라의 인재는 성균관으로

성균관 유생들이 공부하던 명륜당

성균관은 옛날에 나라에서 운영하던 큰 학교였어. 고려 시대 말부터 조선 시대까지 500년 넘게 이어지며 유교 사상을 전하고, 나라의 인재를 길러 내는 역할을 했지. 성균관은 과거에 합격해 관리가 되도록 유생들을 가르쳤을 뿐 아니라 문묘라는 사당을 두고, 중국과 한국 유학자들의 위패를 모셔 제사를 지냈어. 오늘날에도 성균관은 인성·예절·전통문화 계승 활동 등을 통해 옛 정신을 이어 가고 있어.

도성 앞에 펼쳐진 커다란 시장

남대문 시장에서 파는 먹을거리

우리나라 국보 1호는? 맞아. '서울 숭례문'이지. 다른 말로는 남대문! 한양도성의 4개 문 가운데 정문이야. 바로 이 근처에 무려 600여 년의 역사를 자랑하는 남대문 시장이 있어. 1414년 조선의 왕 태종이 남대문 근처에 시전을 설치하면서 시작되었다고 해. 해방 이후 6·25 전쟁과 큰 화재로 어려움도 겪었지만 오늘날까지 서울에서 가장 큰 전통 시장 중 하나야. 또한 서울역에서 숭례문, 명동, 동대문시장으로 이어지는 관광 코스 중 하나로, 외국인 관광객도 많이 찾아와.

쓸쓸하고 아름다운 시와 시인들

"죽는 날까지 하늘을 우러러 한 점 부끄럼이 없기를."

윤동주라는 시인을 알고 있어? 윤동주는 일제강점기에 《하늘과 바람과 별과 시》라는 시집을 남긴 시인이야. 1917년 만주 북간도에서 태어나 1945년 일본 후쿠오카 형무소에서 스물여덟의 나이로 생을 마쳤지. 하지만 그가 삶과 시 세계를 마음껏 펼친 공간은 만주도 일본도 아닌 조국 대한민국, 그중에서도 서울이야.

물론 서울은 윤동주 외에도 많은 시인이 자신의 시 속에 담아낸 곳이야. 그들에게 서울은 단순한 생활 공간을 넘어 시대의 아픔과 변화, 희망이 깃든 무대였거든.

김소월은 〈왕십리〉에서 식민지 현실의 우울함 속에서도 왕십리를 마음의 안식처로 표현했어. 재미있는 건 박목월, 김종삼 등도 왕십리 지역을 주제로 시를 썼다는 거야.

또 정지용은 〈아스팔트〉에서 근대 도시로 변해 가는 서울을 밝고 경쾌하게 그려 냈어. 신동엽은 〈종로 5가〉에서 시골을 떠나 서울로 올라온 소년의 모습을 통해 도시 하층민의 비참한 현실을 드러냈지. 김광섭은 〈성북동 비둘기〉에서 개발로 삭막해져 가는 자연과 삶의 터전에 대한 상실감과 그리움을 표현했어.

각기 다른 시기에 쓰인 작품이지만, 오늘날 이 시들은 서울의 역사와 정체성을 보여 주는 소중한 문화 기록이 되고 있어.

윤동주가 거닌 서울의 별 헤는 밤

중학교 시절부터 문학에 관심이 많았던 윤동주는 서울의 연희전문학교에 들어갔어. 이 시기에 그는 〈서시〉, 〈별 헤는 밤〉 같은 대표작을 쓰며 시인의 길을 다졌어. 현재 종로구 청운동에 있는 윤동주 문학관과 연세대학교 교정에 세워진 윤동주 시비에서 알 수 있듯, 서울은 그가 남긴 시와 정신을 기억하는 중요한 공간이야.

그의 작품 중 〈자화상〉은 1939년 연희전문학교에 다닐 때 발표한 시로, 이 시의 배경이 된 우물은 윤동주가 살던 종로구 하숙집 앞에 실제로 있던 것이라고 해. 그는 시 속에서 세 번 우물을 찾아가며 그 속에 비친 사나이가 밉고, 가엽고, 그립다고 말해. 우물에 비친 얼굴이니까 당연히 시인 자신이잖아. 이 시는 시인이 겪는 현실의 고통과 내적 갈등을 그린 것이지.

연희전문학교

1915년에 미국인 선교사 언더우드가 앞장서 만든 사립 전문학교야. 현재 이름은 연세대학교인데, 해방 후 세브란스 의과대학과 통합되면서 이름의 앞 글자를 합친 거지. 윤동주는 일제강점기에 연희전문학교를 다니면서 우리말 공부를 열심히 하고 민족에 대한 애정을 키웠어.

〈자화상〉 읽기

산모퉁이를 돌아 논가 외딴 우물을 홀로 찾아가선 가만히 들여다봅니다.

우물 속에는 달이 밝고 구름이 흐르고 하늘이 펼치고 파아란 바람이 불고 가을이 있습니다.

그리고 한 사나이가 있습니다.
어쩐지 그 사나이가 미워져 돌아갑니다.

돌아가다 생각하니 그 사나이가 가엾어집니다.
도로 가 들여다보니 사나이는 그대로 있습니다.

다시 그 사나이가 미워져 돌아갑니다.
돌아가다 생각하니 그 사나이가 그리워집니다.

우물 속에는 달이 밝고 구름이 흐르고 하늘이 펼치고 파아란 바람이 불고 가을이 있고 추억처럼 사나이가 있습니다.

김소월이 바라본 비 오는 왕십리

서울 지하철 2호선 왕십리역을 알아? 왕십리라는 지명은 조선 시대에 '왕'이 살던 도성으로부터 '십 리'쯤 떨어져 있어서 붙은 이름이라고 해. 참고로 십 리는 약 4킬로미터야.

또 다른 설도 있어. 태조의 명으로 도읍지 땅을 찾던 무학대사가 이곳에 왔을 때 어느 신비한 노인이 "서북쪽으로 십 리만 더 가라"라고 일러 주어 왕십리가 되었다는 이야기.

'국민 시인'이라고 불릴 만큼 우리에게 친숙한 시인 김소월은 이 왕십리와 특별한 인연이 있어. 평안북도 정주에서 태어난 그가 왕십리와 무슨 관계일까? 김소월은 서울의 배재고등보통학교에 다닐 때 썼던 시를 22세이던 1923년 잡지에 발표했는데, 이 시의 제목이 바로 〈왕십리〉야. 민요조의 리듬을 바탕으로 식민지 시대의 우울한 정서를 담아냈지.

왕십리에 가면 소월아트홀처럼 소월의 이름을 딴 공간과 상점을 쉽게 볼 수 있어. 왕십리역 광장에는 그의 시 〈왕십리〉를 새긴 시비와 흉상도 세워져 있지.

〈왕십리〉 읽기

비가 온다
오누나
오는 비는
올지라도 한 닷새 왔으면 좋지.

여드레 스무날엔
온다고 하고
초하루 삭망이면 간다고 했지.
가도 가도 왕십리 비가 오네.

웬걸, 저 새야
울려거든
왕십리 건너가서 울어나 다오.
비 맞아 나른해서 벌새가 운다.

천안에 삼거리 실버들도
촉촉이 젖어서 늘어졌다네.
비가 와도 한 닷새 왔으면 좋지.
구름도 산마루에 걸려서 운다.

대도시의 비애를 그린 근현대 소설

서울을 배경으로 소설을 쓴다면 어떤 작품이 될까? 대도시에서 일하며 느끼는 분주함과 외로움을 표현할 수도 있겠고, 세련된 연애 이야기를 쓸 수도 있을 거야. 실제로 우리나라의 근현대 소설 속에서 서울은 다양한 공간으로 그려져 왔어.

예를 들어 현진건의 〈운수 좋은 날〉은 1920년대 서울을 배경으로 인력거꾼 김첨지의 비극적인 하루를 그리고 있어.

박태원의 《천변풍경》은 1930년대 청계천 주변에 살던 서민들의 삶을 사실적으로 그린 작품이야. 매우 많은 인물이 번갈아 등장하면서 근대 도시의 풍속과 일상을 생생하게 보여 주지.

이범선의 〈오발탄〉은 6·25 전쟁 이전에 북에서 남으로 내려온 사람들의 1950~1960년대 생활을 그리고 있는데, 그 배경이 용산구의 해방촌이야.

김승옥의 〈서울, 1964년 겨울〉에서 서울은 개인화된 고독한 도시야. 겨울밤, 술집에서 우연히 만난 세 남자가 잠시나마 서로 이야기를 나누지만 결국은 뿔뿔이 외롭게 흩어지는 모습을 그리지.

그 밖에도 서울에서의 삶을 선명하게 나타낸 소설이 많아. 서울은 단순한 배경이 아니라, 시대의 변화와 사람들의 삶을 담아내는 상징적인 공간으로 그려지지.

가난한 노동자의 〈운수 좋은 날〉

1924년에 발표된 단편 소설로, 일제강점기 서울에 살며 인력거를 모는 김첨지의 하루를 그린 작품이야.

김첨지는 자신의 몸이 아프니 제발 나가지 말라는 아내의 말을 뿌리치고 일을 나가서 뜻밖에 큰돈을 벌게 돼. 하지만 못내 불길한 마음을 술로 달래다 결국 설렁탕을 사 들고 집에 돌아오는데, 아내는 이미 죽어 있었지. 제목처럼 '운수 좋은 날'이 사실은 가장 불행한 날이었다는 반전이 특징이야. 이 작품은 단순히 한 가족의 비극을 넘어서, 식민지 도시 하층민의 열악한 삶을 담고 있어.

작가인 현진건은 일본과 중국에서 유학을 하고 언론사에서 일한 근대 지식인으로 꼽혀. 당시 지식인들은 자기만의 생활과 생각을 풀어놓은 자전적 이야기를 주로 썼거든. 이와 달리 현진건은 〈운수 좋은 날〉로 민중의 삶과 사회 현실을 정직하게 비추는 새로운 길을 열었어.

일상의 소중함 속 《천변풍경》

1936년과 1937년 두 차례에 걸쳐 신문과 잡지에 연재된 뒤에 1938년 책으로 출간된 작품이야. 청계천 주변을 배경으로 무려 30여 명의 중심인물이 등장해 서민의 일상적인 삶을 보여 주지. 특별한 주인공 없이 여러 인물의 이야기가 번갈아 이어지는 게 특징이야.

이 소설에서 식민지라는 시대적 상황은 그리 중요하게 그려지지 않아. 오히려 시대가 어떻게 변하건 그 속에서 하루하루 열심히 일하고 가족을 챙기는 등 사람들의 삶은 계속되며, 모두 더 나은 내일을 간절히 바란다는 걸 보여 주지. 즉 역사는 멀리 있는 게 아니라 평범한 일상 속에 있다는 희망을 그렸다고 볼 수 있어.

이 작품에서 박태원은 사소한 생활 속 풍경을 세밀하게 묘사하면서 모더니즘 작가로서의 역량을 보여 주기도 했어.

모더니즘

20세기 초, 세상이 빠르게 변하자 예술에서도 새로운 방식으로 세상을 보고 표현하려는 움직임이 나타났어. 예를 들어 소설에서는 주인공 한 명의 이야기가 아니라 여러 사람의 이야기를 섞어서 보여 주기도 했고, 그림에서는 실제 모습 그대로 그리지 않고 느낌이나 생각을 시각적으로 표현하기도 했지.

전쟁이 남긴 상처 <오발탄>

1959년에 발표된 단편소설로, 서울 용산구의 해방촌을 배경으로 6·25 전쟁 이후의 힘겨운 현실을 보여 주는 작품이야.

주인공 철호는 성실하게 살아가려 하지만, 가족들은 각자 불행에 빠져 있어. 동생 영호는 삶에 지쳐 범죄에 손을 대고, 어머니는 고향인 북한을 그리워하다 정신이 무너져 "가자!"라는 말만 반복하고, 누이는 생활비를 벌기 위해 미군을 상대로 위험한 일을 해. 결국 아내마저 병으로 죽자, 주인공 철호는 자신은 오발탄 같은 존재라며 절망하지.

이 작품은 전쟁 후 서울에서 살아가는 사람들이 겪는 가난, 좌절, 소외를 드라마틱하게 보여 줘. 특히 성실하게 살고자 했던 철호마저 끝내 현실 앞에서 무너지는 모습은 당시 사회의 어두운 단면을 잘 드러내. 그래서 이 작품은 오늘날에도 서울을 배경으로 한 대표적인 사회 고발 소설로 기억되고 있어.

오발탄

잘못 쏘았거나 빗나간 총알을 말해. 소설 속 주인공은 자신을 '조물주의 오발탄'이라고 표현해. 자신이 마치, 신이 실수로 잘못 만들어서 세상에 덜컥 내보낸 존재 같다는 의미야.

인간 소외의 시절 <서울, 1964년 겨울>

1960년대 서울의 밤거리를 배경으로 세 소시민의 만남과 헤어짐을 그린 단편소설이야.

구청 직원 '나', 대학원생 '안'은 어느 겨울밤 포장마차에서 가난한 서적 판매원 '사내'를 우연히 만나게 돼. 셋은 술을 마시며 이런저런 대화를 나누지만, 서로를 진짜로 이해하지는 못하지. 비극적인 사연이 있는 '사내'는 혼자 있기 싫다면서 두 사람을 계속 붙잡아. 하지만 결국 '나'와 '안' 둘만이 다시 서울의 차가운 밤거리에 서게 되고, "우리가 너무 늙어 버린 것 같지 않습니까?"라고 말하며 지치고 허무한 마음을 드러내.

서울은 전쟁 이후 급격히 변화하고 있었고 그 속에서 사람들은 차가움과 외로움을 느낄 수밖에 없었지. 이 작품은 그러한 소외와 단절을 주제로 하고 있어. 스치는 만남 속에서 각자 고독한 존재로 남는 모습이 인상적이야. 한국 소설이 공동체 중심에서 개인 중심의 이야기로 바뀌어 가는 흐름을 잘 보여 주는 작품으로 평가돼.

기억과 감성의 서울생활사박물관

1990년대에 쓰인 PC 통신 단말기

2019년에 문을 연 서울생활사박물관은
해방 이후부터 현재까지 서울 시민의 생활사를 보여 주는
근현대 박물관이야. 원래는 법원과 검찰청 건물이었는데
이 둘이 이전을 하자 역사적 가치를 살려서
서울 시민을 위한 문화 시설로 고쳐 쓰게 되었지.
이곳에서는 사람들의 기억과 감성을 담은 다양한 전시와
교육 프로그램을 열고 있어. 시민 소장품을
전시하는 생활사 전시실, 지역 이웃과 함께하는
어린이 체험실 등으로 구성되어 있어.

역사와 낭만의 해방촌

2025년 해방촌의 풍경

해방촌은 용산구 남산 밑 언덕에 자리한 마을로,
이름 그대로 해방이 되면서 생긴 곳이야.
1945년에 전쟁이 끝나자 해외에서 돌아온 사람들,
북에서 내려온 월남민, 그리고 피난민이 모여 살면서
'해방촌'이라는 이름이 붙었지.
2015년부터 낡은 시설을 고치기 위한 도시 재생 사업을 거치며
지금은 젊은이들이 즐겨 찾는 명소로 변했어.
오래된 주민과 자유로운 여행객, 현대적 예술가가
뒤섞여 사는 독특한 동네가 되었지.

사진 출처

- 21쪽 ‘청와대 사랑채’ 홈페이지
- 26쪽 ‘문화역 서울 284’ 홈페이지
- 28쪽 ‘대한민국 6·25 참전 유공자회’ 홈페이지
- 45쪽 국가유산청 ‘국가유산포털’
- 46쪽 위키미디어, ©Asfreeas
- 50쪽 위키미디어, ©Shynumis
- 51쪽 국가유산청 ‘국가유산포털’
- 53쪽 국가유산청 ‘궁능유적본부’
- 58쪽, 59쪽, 61쪽 국가유산청 ‘국가유산포털’
- 63쪽 ‘한국관광공사’ 홈페이지
- 65쪽 국가유산청 ‘국가유산포털’
- 67쪽 위키미디어, ©Teddy Cross
- 71쪽 위키미디어
- 75쪽 위키미디어, ©Jjw
- 77쪽 ‘서울미래유산’ 홈페이지,
  〈2021 서울미래유산 아카이브 자료조사〉
- 86쪽 국가유산청 ‘국가유산포털’
- 87쪽 픽사베이, ©tragrpx
- 100쪽 ‘서울생활사박물관’ 홈페이지
- 101쪽 위키미디어, ©서울관광재단

참고 자료

- 국가데이터처, 국토교통부, 〈지적통계〉
- 국가데이터처, 행정안전부, 〈주민등록인구현황〉
- 국사편찬위원회 홈페이지, '한국 고대 사료 DB'
- 남대문시장 홈페이지
- 문화역 서울 284 홈페이지
- 법제처, 국가법령정보센터, 〈서울특별시 행정특례에 관한 법률〉
- 법제처, 국가법령정보센터, 〈정부조직법〉
- 〈'세계 매력적인 여행지' 서울 10위에…1위는 파리〉, 연합뉴스, 2025.12.05
- 서울역사편찬원 홈페이지, '서울 타임라인'
- 서울연구원 홈페이지, '지도로 본 서울'
- 서울정책아카이브 홈페이지
- 서울특별시 홈페이지, '서울시 행정구역(동별) 통계'
- 서울특별시 홈페이지, '서울의 역사'
- 성동구 홈페이지
- 중소벤처기업부 홈페이지, '지역별 통계'
- 〈쪽방촌 보고서 10년치 분석〉, 뉴스토마토, 2024.07.29
- 행정안전부 홈페이지, '정부조직관리정보시스템'

다른 인스타그램

뉴스레터 구독

지리·역사·문학 지역 체험 학습
우리가 간다 서울

초판 1쇄 2026년 2월 19일

지은이 양선화
그린이 이진아

펴낸이 김한청
기획편집 원경은 차언조 양선화 양희우 장민기
마케팅 정원식 이진범
디자인 이성아 황보유진
운영 설채린

펴낸곳 도서출판 다른
출판등록 2004년 9월 2일 제2013-000194호
주소 서울시 마포구 동교로 27길 3-10 희경빌딩 4층
전화 02-3143-6478 **팩스** 02-3143-6479 **이메일** khc15968@hanmail.net
블로그 blog.naver.com/darun_pub **인스타그램** @darunpublishers

ISBN 979-11-5633-753-9 74300
979-11-5633-673-0 (세트)

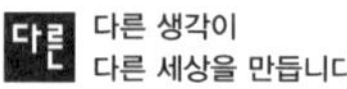